Die Geschichte vom Papier

Text von Odile Limousin
Illustriert von Béat Brüsch

DIE WELT ENTDECKEN

Aus Papier werden viele Dinge hergestellt. Wer ein Blatt Papier zerreißt, wird viele kleine Holzfasern erkennen können. Papier wird nämlich meistens aus Holz gemacht.

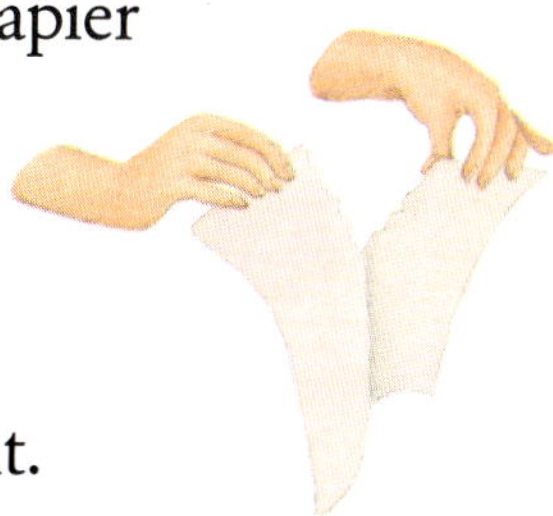

Mit Papier kann man viel anfangen:
basteln, malen und schreiben. Aus Papier werden Zeitungen, Bücher, Hefte, Postkarten und viele andere Dinge gemacht.

Aus Papier kann man sich sogar ein kleines Dorf basteln.

Es gibt ganz verschiedene Papiersorten.

Zeichenpapier kann glatt oder rauh sein. Luftpostbriefe werden auf ganz dünnem und leichtem Papier geschrieben.

Wie ein Schwamm saugen Papierwindeln und Küchentücher die Nässe auf, und Papiertaschentücher sollen ganz weich sein.

Papier kann auch so durchlässig sein, daß Teeblätter in einem Beutel zusammengehalten werden und trotzdem ihr ganzes Aroma entfalten. Es kann aber auch so bearbeitet werden, daß man darin Säfte und andere Flüssigkeiten aufbewahren kann.

Das besondere Papier für die Geldscheine kann man nicht nachmachen. Aber es gibt auch ganz dickes Papier, mit dem Pakete fest verpackt werden.

Karton besteht auch aus Papier.
Bei seiner Herstellung werden mehrere Papierschichten übereinandergefügt.

In Wellpappe lassen sich zerbrechliche Gegenstände gut verpacken. Aus Karton kann man auch besonders stabile Schachteln herstellen.

Aber Vorsicht!
Papier und Karton brennen leicht!

Papier gab es nicht immer.

Als die Menschen noch in Höhlen lebten, bemalten sie die Wände mit Erdfarben.

Im Altertum schrieben sie auf alles, was einigermaßen haltbar war: auf Knochen, Baumrinde, auf Muscheln und Schildkrötenpanzer, auf Ton und auf die Mauern und Säulen ihrer Tempel.

Mit einem Feuerstein kratzte man Zeichen in Knochenstücke.

Im alten Rom wurden die Buchstaben mühsam in Stein eingemeißelt. Die Römer schrieben auch auf Wachstafeln; wenn man das Wachs glättete, konnten die Tafeln neu beschrieben werden.

Altertumsforscher haben viele Vasen, Figuren und Platten gefunden, die mit Schriftzeichen verziert sind.

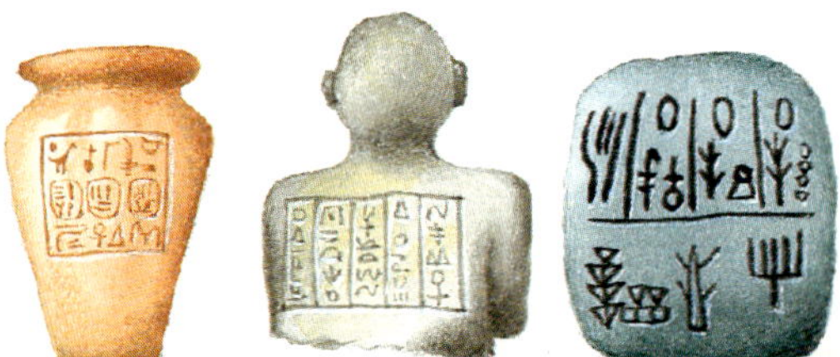

L·CAESARI

Nach der Erfindung des Pergaments konnten die ersten Bücher angefertigt werden.

Die Bewohner der Stadt Pergamon in Kleinasien trockneten die Felle von Kälbern, Schafen, Ziegen und Gazellen. Die Felle

wurden in einen Rahmen gespannt und die Haare abgeschabt. Dann wurde die Haut mit Bimsstein geglättet. Auf diese Weise bekam man das dünne und glatte Pergament, das auf beiden Seiten beschrieben werden konnte.

Im Mittelalter galten Schriftstücke aus Pergament als so wertvoll, daß man sie in den Bibliotheken an den Regalen ankettete.

Den Ägyptern gelang eine andere wichtige Erfindung. Schon vor über viertausend Jahren malten die Schreiber ihre Schriftzeichen, die Hieroglyphen, auf lange Rollen. Diese Schreibrollen wurden aus der **Papyruspflanze** hergestellt.
Der Papyrus ist eine schilfartige Sumpfpflanze, die vor allem an den Ufern des Nils wächst.

Die Ägypter haben den Stiel geschält und in kleine Streifen geschnitten. Diese wurden kreuzweise übereinandergelegt, mit einem Hammer glatt geklopft und unter einem Gewicht getrocknet. Wenn man einige Blätter aneinanderklebte, entstand eine richtige Schreibrolle.

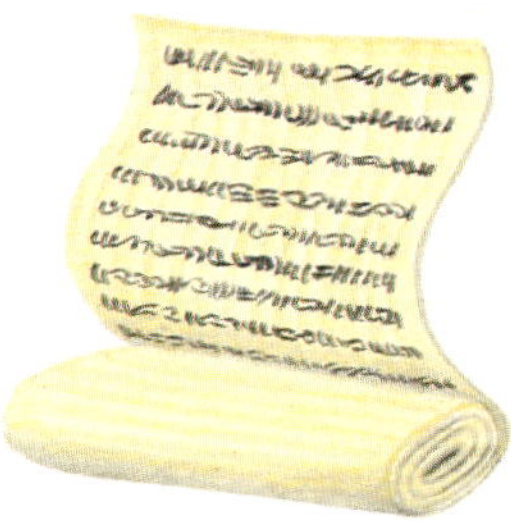

Vom ägyptischen Papyrus hat das Papier seinen Namen.

Der erste Papierhersteller aber war die Wespe.

Sie baut ihr Nest nämlich aus einer Art Karton zusammen. Sie reißt kleine Holzfasern ab und weicht sie mit ihrem Speichel zu einem Brei auf. Die Wände aus diesem Baumaterial werden fest, sobald es getrocknet ist. Man glaubte sehr lange, daß der Chinese Tsai Lun im Jahre 105 nach Christus das Papier erfunden hat, nachdem er Wespen beobachtet hatte. Heute weiß man aber, daß die Chinesen das Papier schon vor über zweitausend Jahren kannten.

Die Chinesen verwendeten zumeist einen Brei aus den Fasern vom Maulbeerbaum und von Bambus. Die Blätter wurden abgeschöpft, gepreßt und getrocknet.

Das Papier geht um die Welt.

Über viele Jahrhunderte bewahrten die Chinesen ihr Geheimnis. Im Jahre 751 aber gerieten chinesische Papiermacher in arabische Gefangenschaft.

So lernte man auch in Arabien die Kunst der Papierherstellung kennen. Diese Kunst war inzwischen schon verfeinert worden, man verwendete jetzt auch Baumwolle und alte Gewebe. Bald schon besaßen die Kalifen, die arabischen Herrscher, die größten Bibliotheken der Welt.

Eilige Nachrichten konnten nun durch Brieftauben schnell überallhin gesandt werden.

Im Mittelalter brachten Kreuzfahrer die Kunde vom Papier mit nach Europa. Handelsschiffe segelten bald von Italien und Frankreich nach Arabien, um dort Papier einzukaufen. Schließlich aber fand man es billiger, das Papier selbst herzustellen.
Das Gewerbe des Lumpensammlers entstand; er zog über die Dörfer und kaufte alte Lumpen auf, die er dann an die Papiermühlen weiterverkaufte.

Der Lumpensammler ist unterwegs.

Aus alten Lumpen kann man Papier machen.

In der Papiermühle wurden die Lumpen sortiert und die Nähte entfernt. Sie wurden dann in Streifen geschnitten und in einem mit Wasser gefüllten Bottich, der **Bütte**, eingeweicht. Schwere Hämmer zerstampften die Lumpen in kleine Fasern. Man gab jetzt noch Wasser zu und hatte dann einen Faserbrei, die Papiermasse. Unter den Brei wurde oft noch Leim oder Harz gemengt, um besseres Papier zu bekommen.

Das vom fließenden Wasser angetriebene Mühlrad hob die Stampfhämmer immer wieder an.

Ein Blatt Papier wird geschöpft.

Der Papiermacher füllte sein Schöpfsieb in der Bütte. Dabei mußte er darauf achten, daß sich der Brei gleichmäßig auf dem Sieb verteilte. Wenn das Wasser abgelaufen war, wurde das Blatt zwischen Filzmatten gelegt und gepreßt. Zum Schluß hängte man es noch zum Trocknen an einer Leine auf.
Ganz selten wird auch heute noch handgeschöpftes Büttenpapier auf diese Weise hergestellt.

Unten in das Schöpfsieb wurde ein feines Zierwerk eingearbeitet: das Filigran.

Das Filigran hinterläßt im Papier das Wasserzeichen.

Im Mittelalter waren Bücher sehr selten und kostbar. Sie wurden mühsam mit der Hand geschrieben, meist von Mönchen. Dies änderte sich rasch, nachdem

Johannes Gutenberg im Jahre 1450 die handgegossenen Bleibuchstaben und eine Druckmaschine erfunden hatte.

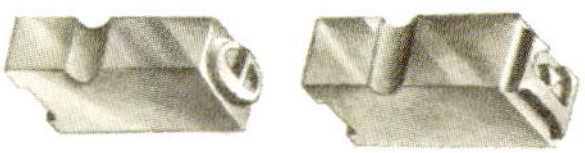

Bücher konnten jetzt in kürzerer Zeit und in größerer Auflage hergestellt werden.

Immer mehr Menschen lernten lesen und schreiben, und immer mehr Bücher wurden gedruckt. Mit der Zeit reichten die alten Lumpen nicht mehr aus, und man suchte nach einem anderen Material für die Papierherstellung. 1841 entwickelte Friedrich Gottlob Keller ein Verfahren, um Holzprügel abzuschleifen: Holz wurde der neue Faserstoff zur Papiergewinnung.

Der Buchdrucker setzt aus den Bleibuchstaben den Text zusammen. Die Druckplatten werden eingeschwärzt, und unter der Presse wird ein Blatt nach dem anderen bedruckt.

In den Wäldern werden imm
wiede schwache und krank
Bäume gefällt. Das Holz dies
Bäume wird zu Papier verarbeite
Das Stammholz der großen Bäum
wird meistens zum Baue
verwende

Wälder werden laufend durchforstet. Schon bevor die alten Bäume geschlagen werden, pflanzt man junge nach. Aus dem Dickicht der jüngeren werden dann immer wieder die schwächsten gefällt, damit die anderen besser wachsen können. Nadelbäume werden viel öfter angepflanzt als Laubbäume, denn sie wachsen schneller. Darum werden etwa Eichen, die nur sehr langsam wachsen, heute nur noch selten angepflanzt.

Pinie Tanne Birke Pappel

Heutzutage wird immer mehr Altpapier wiederverwendet.
Aus diesem Grund sollte man alte Zeitungen, Telefonbücher und anderes Papier aufbewahren und bei den besonderen Sammelaktionen mitgeben.

Altpapier läßt sich leicht bündeln.

Altpapier kann mehrere Male zur Herstellung von „neuem“ Papier wiederverwendet werden. So brauchen weniger Bäume geschlagen zu werden.

Eukalyptusbaum Buche Weißbuche Espe

Zeitungspapier

Wenn man mit einem Füller auf Zeitungspapier schreibt, zerfließt die Tinte wie auf einem Löschblatt. Zeitungspapier wird aus Holzschliff hergestellt, der in Wasser eingeweicht wird. Holzschliff ist eine feine Holzmasse, die durch Abschleifen von Holz mit großen Schleifsteinen erzeugt wird.

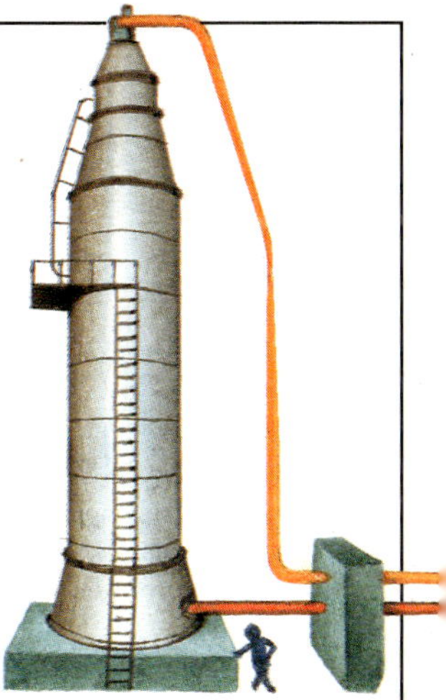

Zellstoffkocher

Zellstoff

Auf Briefpapier oder dem Papier eines Schulheftes aber gleitet der Füller – die Tinte zerfließt nicht. Dieses Papier bekommt man, wenn der Holzbrei gekocht wird: So entsteht Zellstoff.

Aus Holz wird ein Faserbrei hergestellt.

In der Papierfabrik

Riesige Maschinen stellen heutzutage das Papier her. Manche sind über zweihundert Meter lang und erzeugen zweitausend Meter Papier in der Minute.
Solche Maschinen werden normalerweise von Computern gesteuert. Aber noch immer wird ein Faserbrei auf ein Sieb gegeben.
Er fließt auf eine große rollierende Siebfläche (1), von der das meiste Wasser abgesaugt wird.

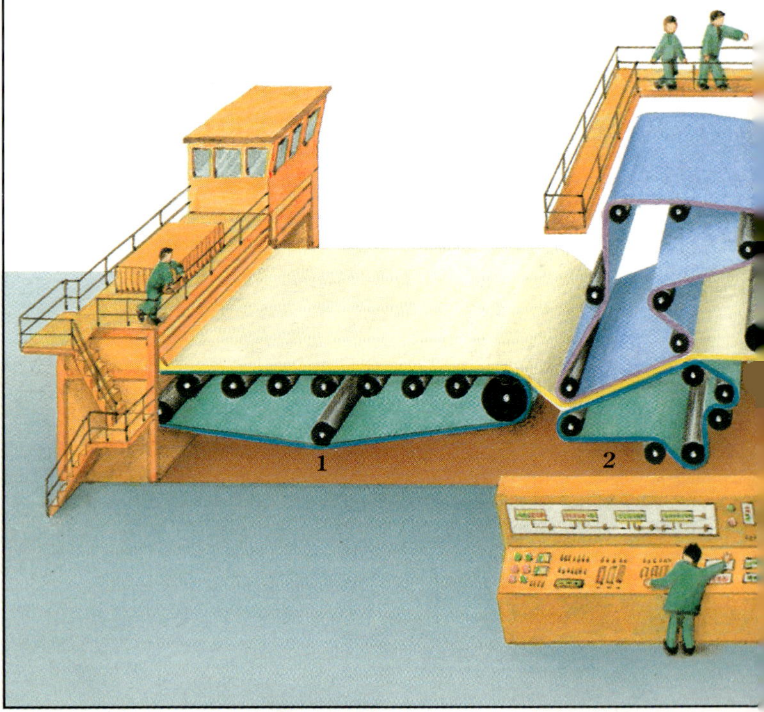

Die Papierfläche wird dann durch einen Wollfilz geleitet (2). Im nächsten Teil der Maschine wird das Papier gepreßt (3), damit es überall gleich dünn ist. Es wird dann über erwärmten Zylindern getrocknet (4) und anschließend geglättet (5), damit es eine gleichmäßige Oberfläche bekommt. Zum Schluß wird es auf Rollen gewickelt (6) oder gleich auf bestimmte Formate zugeschnitten.

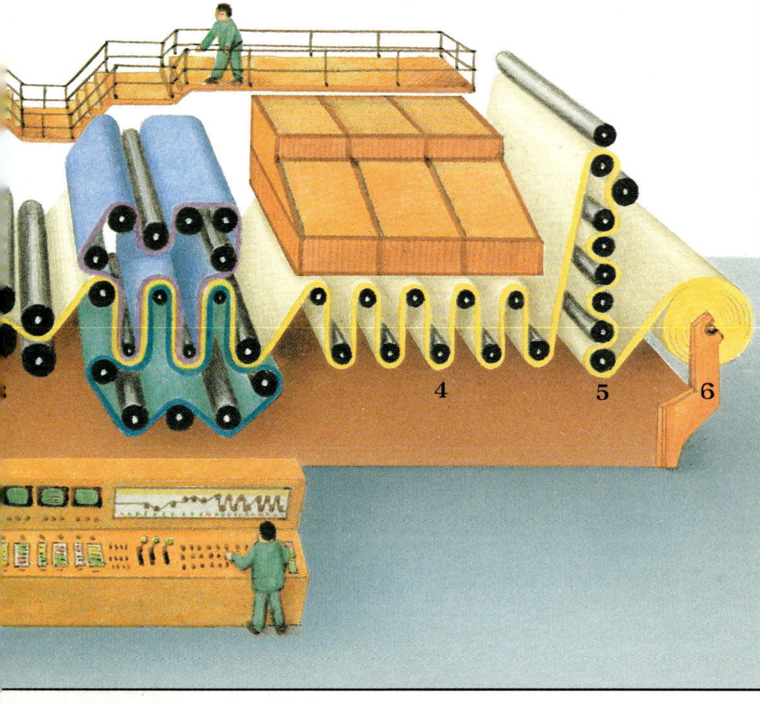

alte Zeitungen — Schüssel — Wasser und Tapetenkleister

Selbstgemachtes Pappmaché:

Man zerreißt eine Zeitung in lange Streifen und läßt sie über Nacht in lauwarmem Wasser einweichen. Dann rührt man in einer kleinen Schüssel einen Löffel voll Tapetenkleister mit Wasser an. Den Papierbrei verknetet man mit dem Tapetenkleister.

Plätzchenformen

Plätzchenformen werden eingefettet und mit dem Brei gefüllt, dabei streicht man die Oberfläche ganz glatt. Dann stellt man die Formen auf die Heizung oder in die Sonne, um das Pappmaché zu trocknen. Wenn man die Formen abnimmt, kann man seine kleinen Kunstwerke beliebig bemalen.

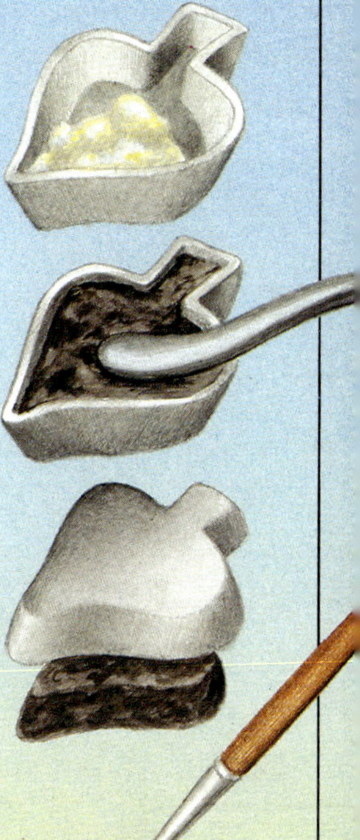

Briefwechsel zwischen Erna …

Sehr geehrtes Nagetier!
An meinem neuen Briefpapier
fehlt seit heute früh, o Schreck,
oben rechts ein großes Eck.
Ach, es war so schön und teuer,
und jetzt ist es reif fürs Feuer.
Ich habe zwar, muß ich gestehen,
den Übeltäter nicht gesehen
(nachts sind meine Augen zu),
doch ich vermute, das warst – du.
Mein Briefpapier brauch ich zum Schreiben,
drum laß solche Scherze bleiben!!!

Wofür sehr verbunden ist
Deine Erna Apfelkist.

…und der Maus

Geschätztes Fräulein Schülerin!
Du meinst, daß ich's gewesen bin?
Da muß ich rufen voll Respekt:
Sag, wie hast du's nur entdeckt?
Denn du hast, das sag ich offen,
den Nagel auf den Kopf getroffen.
Ja, ich war so frech und frei,
von mir stammt die Nagerei.
Ich nagte am Papier voll Kummer,
denn ich hatte schrecklich Hunger.
Hätt ich was Besseres besessen,
hätt ich lieber dies gefressen.
Drum leg in Zukunft Speck daneben,
dann laß ich alles andre leben.
Zehn Gramm Speck für jede Nacht.
Einverstanden? Abgemacht.

Und im voraus besten Dank!
Pipsi Maus,
wohnhaft unterm Schrank.

Josef Guggenmos

Die Welt entdecken

In dieser Reihe sind bisher erschienen: